LA

QUESTION RELIGIEUSE

EN ROUMANIE.

LETTRE A MONSIEUR LE DIRECTEUR

DE

L'OPINION NATIONALE

PAR

J.-C. BRATIANO.

PARIS
LIBRAIRIE DU LUXEMBOURG
16, RUE DE TOURNON.
1866

LA

QUESTION RELIGIEUSE

EN ROUMANIE.

LETTRE A MONSIEUR LE DIRECTEUR

DE

L'OPINION NATIONALE

PAR

J.-C. BRATIANO.

PARIS
LIBRAIRIE DU LUXEMBOURG
16, RUE DE TOURNON.
1866

LETTRE

A MONSIEUR LE DIRECTEUR

DE

L'OPINION NATIONALE.

MONSIEUR,

Proudhon disait que les femmes jugent par analogie comme les enfants. Cette observation, contre laquelle beaucoup de femmes réclameraient à bon droit, s'appliquerait aux hommes même les plus intelligents, quand ils se trouvent placés dans certaines conditions; car, quel est le génie qui, n'ayant pas les éléments voulus pour instruire une question, ne la juge par analogie? — C'est ce qui vous arrive, à vous, Monsieur, et à bien d'autres, depuis quelque temps à propos de toutes les questions qui s'agitent dans les Principautés. Paris étant à quelques centaines de lieues des sources mêmes du Danube, comment pourrait-on voir clair d'ici dans ce qui se passe aux embouchures de ce grand fleuve qui parcourt presque tout notre continent? C'est une réflexion qui s'est presque stéréotypée, Monsieur, dans mon esprit en lisant tout ce qu'on débite depuis quelques années en Occident sur les grands événements qui se déroulent en Orient, malgré la France et contre elle. Ne vous étonnez donc pas, Monsieur, que cette réflexion me soit venue à l'esprit en lisant dans *l'Opinion nationale* les appréciations qui y ont été faites de la lettre du patriarche de Constantinople au prince Couza. D'après l'auteur de l'article, le prince Couza n'est rien moins que le Victor-Emmanuel, le *Galantuomo* de la Roumanie, la personnification de l'unité et de l'indépendance nationale. Je ne sais si le roi d'Italie sera flatté de la comparaison; quant à nous, nous serions les hommes les plus heureux qu'elle fût fondée, et nous remercions votre collaborateur de ce bon souhait qu'il nous a fait pour le jour de l'an.

Si je n'avais, Monsieur, qu'à vous remercier de cette comparaison flatteuse pour nous, je serais au bout de ma lettre, mais l'article de *l'Opinion nationale* touche une question d'une bien autre importance pour nous et aussi pour vos lecteurs : je veux parler de la question religieuse.

La conduite du gouvernement du prince Couza dans l'affaire des couvents des Principautés dédiés aux lieux saints et dans la réorganisation de l'Église roumaine, qui de tout temps a été autonome et nationale, a donné occasion au patriarche de Constantinople de jouer un rôle à propos de ces deux questions. La manière d'agir du gouvernement du prince Couza et celle du patriarche, vues de loin et jugées d'après les actes officiels, n'ont pu être comprises que par analogie en Occident : c'est ainsi qu'on a assimilé non-seulement le prince Couza à Victor-Emmanuel, mais encore le patriarche au pape. Je crois donc de mon devoir, envers mon pays comme envers les publicistes français, de rétablir les faits et de leur rendre leur juste valeur.

Je commence par rappeler l'ordre des dates dans lequel les faits se sont produits. La question des couvents prétendus grecs a été posée comme question internationale, dans les conférences de Paris, par la Russie; et c'est à l'initiative de cette puissance qu'elle doit d'avoir trouvé une place dans les protocoles qu'on a joints à la convention de Paris qui règle le sort des principautés. Que la Russie ait eu intérêt de la poser et de la faire accepter comme question internationale, rien de plus naturel : c'était là la seule porte qu'elle pouvait se réserver pour s'immiscer dans les affaires des Principautés, et s'y immiscer en ayant pour satellites tout le clergé grec de l'empire turc et le gouvernement turc lui-même. Mais que le gouvernement du prince Couza ait accepté, contre les vœux du pays exprimés à plusieurs reprises, de la traiter sur le terrain choisi par la Russie et de l'envisager comme question internationale, c'est une chose qui a dû surprendre tous ceux qui ne connaissent point le fin mot de ce qui se passe dans les Principautés. Pour vous convaincre vous-même, Monsieur, de la *faute* commise par notre gouvernement, il suffira de vous apprendre que jamais les couvents étrangers n'ont eu de propriétés en Moldo-Valachie, et cela par une raison toute simple, c'est que les lois du pays s'y opposaient; aucun individu ou communauté étrangère, comme personne civile, ne pouvait, en effet, acquérir des immeubles dans les Principautés. Un seul couvent du mont Athos a été propriétaire, mais celui-là avait été fondé par un souverain roumain, et c'est aussi le seul qui ait été constitué comme personne civile, jouissant de tous les droits dans le pays; c'était comme une école roumaine de théologie à l'étranger.

Les propriétés donc que le clergé des lieux saints et les religieux du mont Athos réclament aujourd'hui, ne sont point les propriétés de ce clergé ni de ces religieux, mais celles de certains couvents roumains qui, fondés par des Roumains, demeurent dans les mêmes conditions que les autres monastères du pays, avec la seule différence qu'ils ont été mis sous la surveillance des communautés religieuses des lieux saints ou du mont Athos, par les fondateurs et leurs successeurs, ou même par des personnes qui n'avaient aucun droit sur eux, comme les princes phanariotes. Ces dédicaces se faisaient en vue de sauvegarder dans les couvents roumains la pureté de la foi, dont le foyer était censé se trouver là où fut le berceau du christianisme. Les communautés grecques n'avaient donc aucun droit sur les propriétés des couvents mis ainsi sous leur surveillance; les testateurs n'avaient établi d'autres dispositions en leur faveur que celles d'un secours qui devait leur être envoyé sur l'excédant des revenus, une fois qu'on aurait satisfait aux dispositions testamentaires relatives aux dépenses à faire dans le pays.

Voilà, Monsieur, la vérité sur la question au point de vue du droit, et la voici maintenant sur la question de fait. Pendant l'administration des princes grecs, et plus tard sous le protectorat russe, les moines grecs ont pu empiéter sur les droits des couvents du pays, et, comme supérieurs, disposer de leurs biens selon leur bon plaisir; mais ces empiétements ont cessé toutes les fois que le pays a été libre : sous le gouvernement du prince Grégoire Ghica, par exemple, et après le 24 janvier 1859.

J'espère, Monsieur, que ce petit aperçu suffira pour vous convaincre que le pays était dans son droit en s'opposant à ce que la question fût traitée à Constantinople par un tribunal politique étranger; car c'était compromettre non-seulement un grand intérêt matériel, mais aussi notre autonomie. Que la Russie ait profité de cette inqualifiable faute de notre gouvernement pour se poser en protectrice de l'orthodoxie, et que tous les patriarches grecs, celui de Constantinople en tête, se soient emparés de cette bonne occasion pour protester et écrire des lettres, c'est-à-dire donner signe de vie, c'était dans l'ordre des choses.

J'arrive, Monsieur, à la question purement religieuse, question d'une tout autre importance que la première. Il ne s'agit plus ici de quelques centaines de millions de plus ou de moins, ou d'une partie de la propriété nationale qui serait arbitrairement possédée par des fainéants étrangers (ce sont là des choses d'une durée provisoire, car le sol restant à sa place, l'injustice peut toujours être réparée), mais d'une partie des conditions mêmes de la manifestation de notre être moral, question de la plus grande importance partout et surtout chez nous, où l'autel de la foi ne s'est jamais séparé de l'autel de la patrie ; chez nous, où non-seulement l'Église ne s'est point posée en antagoniste de la société civile, mais n'a jamais voulu la dominer, se contentant de l'inspirer et ne se séparant point d'elle.

Les réformes que notre gouvernement cherche à introduire dans l'Église roumaine, ont été présentées à l'Europe comme étant de nature à sauvegarder son indépendance vis-à-vis du patriarche de Constantinople, et à fonder son autonomie. L'Occident, sous la préoccupation de ses luttes avec la papauté, a pris facilement le change, et, jugeant par analogie, il a chanté des actions de grâces pour ce Philippe le Bel, pour ce Louis XIV de l'Orient. Il n'est point surprenant après cela, qu'en face d'un pareil héros, le patriarche vienne à son tour se poser en un autre Grégoire VII.

Je n'aurais rien à dire d'une pareille représentation théâtrale si, derrière les acteurs, il n'y avait des intrigues de la plus sérieuse gravité, que vous devinez, Monsieur, aussi bien que tout autre.

Pour mieux mettre en évidence ces intrigues, permettez-moi de vous rappeler que l'Église orientale ou Église grecque, comme on l'appelle en Occident, diffère de l'Église catholique romaine, non-seulement dans les dogmes, mais surtout par sa constitution politique, si je puis dire ainsi. L'Église d'Orient n'a eu ni des Grégoire VII, ni des ordres militants, comme les jésuites, qui ayant leur centre à Rome, ont pu soumettre le monde catholique au saint-siége, ni des conciles de Trente pour mettre tel patriarche au-dessus des conciles mêmes. L'autocratie n'a point pu se constituer dans l'Église orientale; le patriarche de Constantinople possède à peine l'autorité d'un président des États-Unis. Si le patriarche de Constantinople visitait les Principautés en même temps qu'un autre patriarche, celui de Jérusalem, par exemple, c'est du plus âgé et du plus digne qu'on s'empresserait de recevoir la bénédiction. L'unité de l'Église orientale se trouve plutôt dans les dogmes que dans la hiérarchie, et elle n'est pas fondée sur la domination du patriarche de Constantinople. Celui-ci a seulement la préséance officielle, et son droit d'investiture n'est qu'une simple formalité, une tradition de l'empire d'Orient. Les chrétiens orientaux sont restés fidèles à cette tradition, poussés par la communauté d'intérêts, en face de l'oppression mahométane. Il n'y a aucun État indépendant, professant la religion orthodoxe orientale, qui n'ait pu, sans aucune opposition ni difficulté, proclamer l'autonomie de son Église, et jamais, remarquez-le bien, les Églises nationales n'ont couru le risque d'être traitées d'hérétiques. L'Église de l'empire roumano-bulgare a été autonome autant que cet empire a duré; celle des Principautés roumaines le fut toujours. Il en est de même de celle de la Russie. La Grèce aussi, avec son indépendance, a proclamé en même temps l'autonomie de son Église,

Pour vous prouver combien cette autonomie est absolue dans ses effets, je vous dirai qu'un prêtre investi du sacerdoce hors du territoire roumain ne peut dire la messe dans les Principautés qu'après une autorisation spéciale du chef de notre Église nationale.

Mais, croyez-le bien, Monsieur, l'autonomie de notre Église n'est point en question ; s'il en avait été ainsi, le parti national roumain eût été le premier à la défendre, comme il a défendu et défendra toujours notre autonomie politique.

Ce dont il s'agissait, aujourd'hui, comme lors du coup d'État, c'était d'étouffer la liberté et la démocratie, en invoquant leur nom et celui de la nationalité. L'Église roumaine a eu, en effet, de tout temps, une constitution très-libérale et très-démocratique. Les archevêques et les évêques étaient élus par l'Assemblée nationale. Aujourd'hui le gouvernement du prince Couza se fait donner le droit de les nommer directement, comme il nomme les préfets et les sous-préfets. Est-ce que l'Assemblée nationale d'aujourd'hui, élue par ce qu'on a appelé le suffrage universel, ne présente pas même les garanties que présentaient les anciennes assemblées restreintes ? Voilà pourtant ce qu'on pourrait déduire de cette loi, qui enlève à la représentation du peuple une de ses vieilles prérogatives, et à l'Église une condition d'indépendance.

Le gouvernement du prince a aussi décrété une loi sur la constitution des synodes. Les laïques n'ont plus le droit antique d'y envoyer leurs députés, ainsi que cela se pratiquait dans nos assemblées religieuses. Les synodes, selon le décret du prince Couza, se composent d'archevêques et évêques nommés par le gouvernement, et de délégués de curés nommés par les évêques et archevêques ; c'est-à-dire que ces prétendus synodes ne sont rien autre chose que des conseils d'employés en soutane.

Que ceux qui veulent pousser la centralisation jusqu'à embrasser toute l'activité sociale soient contents que l'Église devienne en Roumanie une branche de l'administration, un bureau de sûreté générale, rien de plus naturel. Aussi, n'est-ce point à leur intention que je prends la plume; mais pour les vrais amis de la liberté, pour ceux qui ont le sentiment et la connaissance des conditions propres à une société qui veut marcher, progresser, et, par conséquent, prospérer. — Vous l'avouerai-je? Il y a encore une autre classe d'individus qui me préoccupe à l'occasion de cette question. Ce sont les catholiques convaincus, auxquels des charlatans ont présenté le despotisme introduit dans l'Église roumaine comme un moyen efficace de faire passer cette Église sous la domination du saint-siége. Y aurait-il des âmes assez naïves pour croire que nous sommes à l'époque des Charlemagne ou des czars Iwan, qui faisaient passer des populations entières au christianisme en les contraignant à traverser une rivière en signe de baptême, et en leur donnant sur la rive opposée un vêtement blanc en signe et en récompense de leur conversion? Cela ne serait point impossible, car pour les âmes ferventes le miracle est permanent. Aussi, n'est-ce pas par le raisonnement que je tâcherai de leur montrer ce qu'il y a de charlatanisme dans les promesses qu'on fait de nous unir à l'Église catholique, mais par des faits qui seront, je l'espère, plus éloquents et plus convaincants que les belles paroles de ces nouveaux Clovis de l'Orient.

La tentative de détacher les Roumains de l'Église orientale pour les faire entrer dans la communion catholique est de vieille date, et, pour ne pas remonter trop haut, nous nous arrêterons à la plus récente et à la plus sérieuse, c'est-à-dire à celle faite par l'Autriche au XVIIIe siècle.

C'est surtout (1) le gouvernement intelligent et actif de Marie-Thérèse qui, à l'instar des efforts faits par le calvinisme hongrois jusqu'à la fin du XVIIe siècle, chercha, par l'éducation et par des mesures politiques, à convertir les Roumains des États autrichiens au catholicisme. Ce n'était point l'esprit de prosélytisme qui stimulait Marie-Thérèse. Son premier ministre, le prince Kaunitz, n'était point en odeur de sainteté auprès des jésuites. Le but principal de cette action était plutôt politique. Par la religion, c'est-à-dire par une puissante éducation, le gouvernement autrichien espérait germaniser au-delà de la Hongrie quatre millions de Roumains. La tâche ne lui paraissait point impossible, vu l'état de sujétion et d'ignorance des populations roumaines de la Transylvanie et du Banat.

Les efforts du calvinisme magyare avaient réussi au XVIe siècle à enlever aux Roumains quelques villages et presque toutes les familles nobles; pourtant, la masse de la nation non-seulement résista au courant, mais l'activité morale qu'elle déploya à cette occasion détermina la renaissance des lettres dans tous les pays roumains, et c'est alors que la langue slave fut remplacée dans l'Église par la langue roumaine.

Chez toute nation qui a une grande force de vitalité, et dont la personnalité et le caractère sont bien déterminés, les efforts qu'on fait pour lui enlever son originalité ne servent qu'à développer son énergie et lui donnent occasion de se mieux affirmer. C'est ce qui arriva en effet avec les Roumains de l'empire d'Autriche toutes les fois que leur *nationalité* fut menacée. En effet, si les efforts du calvinisme magyare provoquèrent, aux XVIe et XVIIe siècles,

(1) La conversion des Roumains au catholicisme fut tentée pour la première fois par Léopold Ier à la fin du XVIIe siècle.

la renaissance des lettres chez les Roumains, les efforts du catholicisme autrichien amenèrent l'éveil du romanisme au XVIIIe. Ce furent Sincai, Klein, Petru Maioru, jeunes Roumains que Marie-Thérèse avait envoyés dans le collége des jésuites à Rome, qui devinrent les apôtres, non pas du catholicisme, mais du roumanisme. Sans cette idée de Marie-Thérèse d'envoyer des Roumains à Rome, il se serait passé encore de longues années avant que les pauvres ilotes de la Transylvanie pussent faire le pèlerinage de la mère-patrie, et y découvrir la charte de leur nationalité, gravée sur la colonne Trajane.

Après deux siècles d'efforts, l'Autriche, voyant les minces résultats obtenus, renonce presque à la tâche qu'elle s'était donnée, et elle cherche à gagner les Roumains par d'autres moyens.

Une question doit se présenter à tout esprit qui cherche à se rendre compte de la raison des choses : pourquoi les Roumains, dont la nationalité est latine, persistent-ils à rester dans l'Église grecque?

Pendant les premiers siècles du christianisme, les Latins de l'Orient ont cherché à faire prédominer l'esprit de leur race à Constantinople autant dans l'ordre religieux que dans l'ordre politique. Justin et Justinien ont été les derniers représentants de cette action. Mais les Grecs ont pris le dessus. Aussi, jusqu'à l'invasion des Turcs, les Roumains, comme nation latine, n'étaient point en odeur de sainteté à Constantinople. Ce n'est donc pas leurs bonnes relations avec les Grecs qui les ont fait rester dans la religion orientale. Ce qui a mis une barrière infranchissable entre les Roumains et le saint-siége, ce furent les Polonais et les Hongrois qui, pendant tout le moyen âge, cherchèrent à conquérir par la force les Roumains au nom du catholicisme.

Quand l'Orient fut conquis par les Turcs, l'Eglise grecque subit le sort des vaincus et elle fut persécutée au nom du mahométisme victorieux. Humiliée et appauvrie, elle trouva un autel vivant dans le cœur de tout chrétien de l'Orient, sans distinction de nationalité. Aussi devint-elle non-seulement l'unique centre de la vie sociale de tous les peuples opprimés ou menacés par les Turcs, mais encore le lien de toutes les nations qui avaient jadis fait partie de l'empire d'Orient.

Dans cette république des vaincus, les Principautés roumaines résistèrent plus longtemps aux armes ottomanes, et réussirent à conserver toujours une quasi-indépendance. Aussi les Principautés servirent-elles d'asile à tous les chrétiens d'Orient. C'est dans les Principautés que les hellénistes trouvaient des chaires libres; c'est dans nos écoles que la jeunesse de toute la Turquie cherchait l'instruction. C'est l'argent roumain qui soutenait les établissements pieux de tout l'Orient. On comprend donc facilement pourquoi les princes de Valachie et de Moldavie, qui, jusqu'à l'invasion turque en Europe, avaient été mal vus à Constantinople, devinrent les princes chrétiens par excellence, les enfants chéris de l'Eglise grecque. Et depuis la chute de Constantinople jusqu'au XVIIIe siècle, c'est-à-dire jusqu'à Pierre-le-Grand, les princes roumains furent les seuls protecteurs de l'Eglise orientale. Leur position était telle, que lorsqu'ils allaient à Constantinople pour rendre hommage au sultan, le patriarche, aux acclamations de la population chrétienne de Constantinople, les sacrait en observant le même cérémonial qui jadis était en usage pour le sacre des empereurs byzantins. C'est un honneur qui, depuis la chute de l'empire de Byzance, n'avait été rendu à aucun autre prince.

D'après ces quelques données de notre histoire, on peut

comprendre la position que nous avons dans l'Eglise grecque. Peuple éminemment latin, nous n'avons d'autres liens avec les peuples qui nous entourent que ceux de la religion, que nos pères ont su cimenter par tant de sacrifices, et qui nous ont créé des titres auprès des autres peuples du même rite. Sortir de l'Eglise grecque, ce serait rompre tout lien avec les peuples voisins, qui nous regarderaient comme des rénégats, et perdre ainsi toute action sur eux. Entrant seuls dans l'Eglise catholique, à supposer une telle conversion possible du point de vue de nos idées modernes, nous ne lui apporterions d'ailleurs aucune force, et notre position de néophytes serait insignifiante; tandis qu'en restant dans l'Eglise grecque, nous conservons en Orient notre influence, qui sera toujours à l'avantage des idées et des grands intérêts de la civilisation occidentale.

J'espère, Monsieur, que le petit résumé que je viens de faire suffira pour vous convaincre que l'action du gouvernement, dans la question des couvents dédiés, a compromis les intérêts du pays au lieu de les servir. Quant aux réformes qu'on a introduites dans l'Église roumaine, loin d'avoir pour but la garantie de son autonomie, elles n'ont tendu qu'à assurer au pouvoir une action autocratique sur le clergé. Les velléités de soumettre l'Église roumaine à l'autorité du saint-siége n'ont pas été plus sérieuses; et si on en a fait quelque bruit, ce n'a été là qu'une manœuvre politique.

Je pourrais finir ma lettre en vous déclarant que, quoique les résultats d'une pareille action du gouvernement soient malheureux pour le pays, nous n'en serions pas autrement inquiets, si la question ne se compliquait d'influences étrangères; car, bien que nous ayons eu souvent des gouvernements tyranniques et corrupteurs, la longue expérience de notre histoire nous fait voir que jamais le despotisme n'a pu prendre racine en Roumanie. Chaque tentative dans ce sens n'a eu d'autre résultat que de provoquer une réaction de sentiment national et libéral. Mais ce qui nous inspire certaines appréhensions, c'est que l'asservissement de l'Église nationale et sa dépendance absolue de l'administration peuvent faire surgir un danger sérieux du côté de la Russie. En effet, il est un fait constant, que nous rencontrons à chaque pas de notre histoire : le clergé roumain indépendant a toujours été un obstacle aux envahissements de l'étranger. C'est ainsi que, pendant l'occupation russe de 1828, le métropolitain Grégoire fut exilé pour avoir été un obstacle inflexible aux menées du cabinet de Saint-Pétersbourg, et il mourut subitement après son retour en Valachie. La même chose arriva, après 1848, au métropolitain Néophyte, qui avait été président du gouvernement provisoire de la révolution, et qui avait jeté l'anathème contre le règlement que la Russie avait imposé aux Principautés. Après l'invasion russe, il fut persécuté et mourut aussi subitement. Des persécutions furent dirigées en même temps contre le clergé roumain tout entier, qui, se mettant à la tête du mouvement national, avait mérité la défaveur de la Russie. Mais malgré les coups qu'on lui portait, l'Église roumaine, tant qu'elle resta indépendante de l'administration, fut en toute occasion avec la nation contre les envahisseurs, contre le despotisme. Les Russes pouvaient se rendre maîtres du gouvernement du pays, mais le clergé leur échappant, le pays lui-même leur échappait. Il n'en sera plus de même si l'Église roumaine devient un rouage de l'administration ; celui qui se rendra maître de cette dernière, le sera aussi de l'Église et aura par conséquent un obstacle de moins dans son œuvre d'asservissement de la

Roumanie. La Russie ne peut donc que désirer l'anéantissement de l'indépendance du clergé.

Il en est de même de l'idée de rendre la Roumanie catholique. C'est encore un instrument dont la Russie se servira, en soulevant contre les Roumains, comme schismatiques, toutes les populations chrétiennes de l'Orient.

Voilà les résultats des réformes du gouvernement du prince Couza. Sont-elles utiles à l'indépendance de la Roumanie? Je vous en fais juge, Monsieur, ainsi que le public.

Paris, 10 février 1866.

IMPRIMERIE CENTRALE DES CHEMINS DE FER. — A. CHAIX ET Cᵉ, RUE BERGÈRE, 20, A PARIS. — 1570.

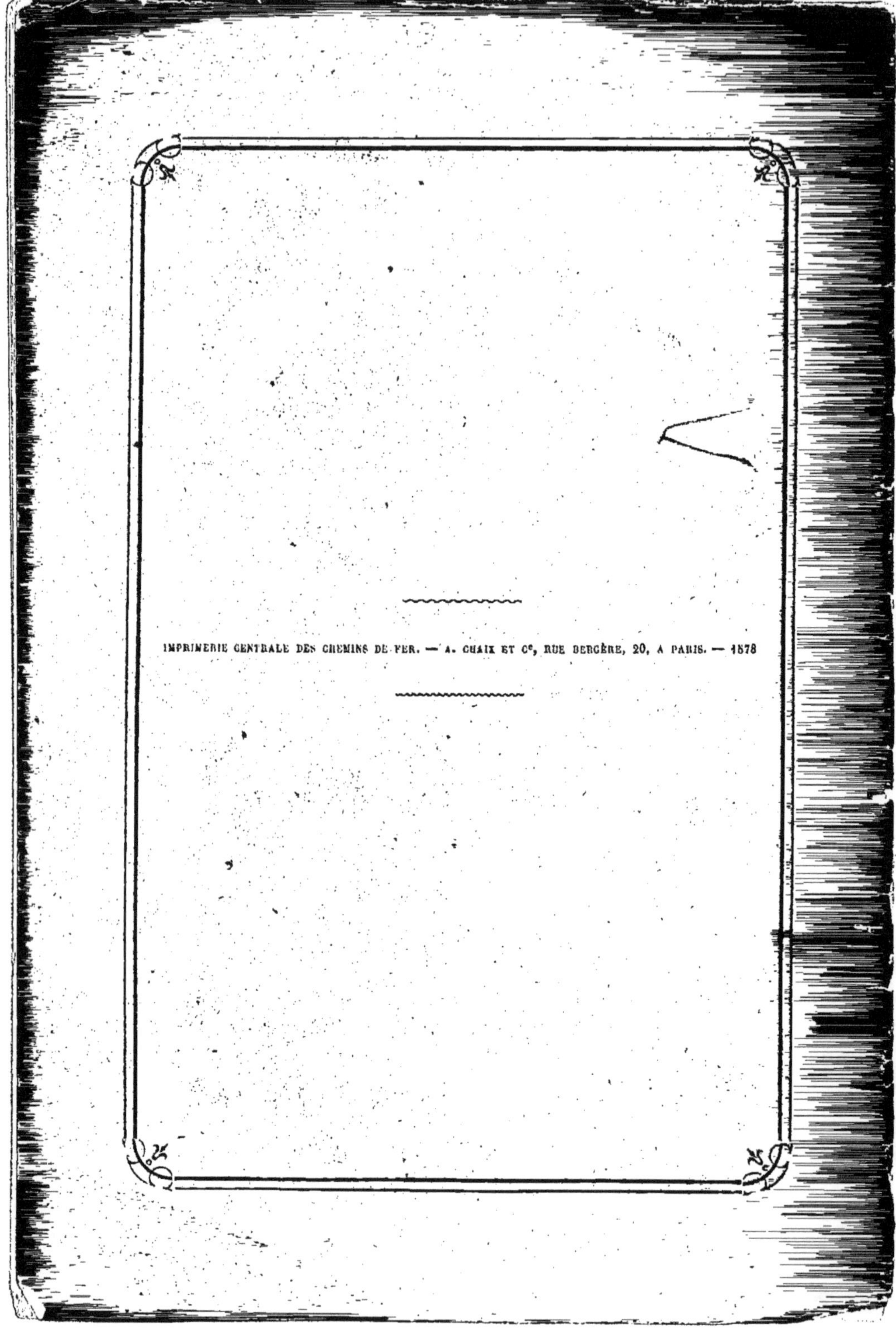

IMPRIMERIE CENTRALE DES CHEMINS DE FER. — A. CHAIX ET Ce, RUE BERGÈRE, 20, A PARIS. — 1878

www.ingramcontent.com/pod-product-compliance
Ingram Content Group UK Ltd.
Pitfield, Milton Keynes, MK11 3LW, UK
UKHW020551230726
13925UKWH00006B/2532

9 782019 169381